O TARÔ
DE MARSELHA

CARLOS GODO

O TARÔ DE MARSELHA

Prefácio
Luis Pellegrini

Revisão técnica
Luiz Vicente Vieira Filho

Editora
Pensamento
SÃO PAULO

Copyright © 1985 Editora Pensamento.

1ª edição 1985 (catalogação na fonte, 2006).

26ª reimpressão 2017.

Todos os direitos reservados. Nenhuma parte deste livro pode ser reproduzida ou usada de qualquer forma ou por qualquer meio, eletrônico ou mecânico, inclusive fotocópias, gravações ou sistema de armazenamento em banco de dados, sem permissão por escrito, exceto nos casos de trechos curtos citados em resenhas críticas ou artigos de revistas.

A Editora Pensamento não se responsabiliza por eventuais mudanças ocorridas nos endereços convencionais ou eletrônicos citados neste livro.

Dados Internacionais de Catalogação na Publicação (CIP)
(Câmara Brasileira do Livro, SP, Brasil)

Godo, Carlos
    O tarô de Marselha / Carlos Godo ; prefácio Luis Pellegrini ; revisão técnica Luiz Vicente Vieira Filho. -- São Paulo : Pensamento, 2006.

    21ª reimpr. da 1ª ed. de 1985.
    ISBN 978-85-315-0658-1

    1. Destino 2. Ocultismo 3. Sorte - Leitura
4. Tarô I. Pellegrini, Luis. II. Título.

06-7638   CDD-133.32424

Índices para catálogo sistemático:

1. Tarô de Marselha : Artes adivinhatórias
133.32424

Direitos reservados
EDITORA PENSAMENTO-CULTRIX LTDA.
Rua Dr. Mário Vicente, 368 – 04270-000 – São Paulo, SP
Fone: (11) 2066-9000 – Fax: (11) 2066-9008
E-mail: atendimento@editorapensamento.com.br
http://www.editorapensamento.com.br
Foi feito o depósito legal.

Impressão e Acabamento
Vallilo Gráfica e Editora
graficavallilo.com.br
11 3208-5284

SUMÁRIO

Apresentação 7
As cartas 13
Origem 15

Interpretação 19
  Nível físico 20
  Nível mental 21
  Nível espiritual 21
  Análise individual das cartas 22
  Análise das cartas em conjunto 26

Os Arcanos Maiores 27
  O Mago 28
  A Papisa 29
  A Imperatriz 32
  O Imperador 34
  O Sumo Sacerdote 36
  O Enamorado 38

O Carro 40
A Justiça 42
O Eremita 44
A Roda da Fortuna 46
A Força 48
O Enforcado 50
A Morte 52
A Temperança 54
O Diabo 56
A Casa de Deus 58
A Estrela 60
A Lua 62
O Sol 64
O Julgamento 66
O Mundo 68
O Louco 70

Os Arcanos Menores 73
Os naipes 75
As figuras 77
Os números 78

Leitura do Tarô 109
Embaralhamento 109
Formulação da pergunta 111
As diferentes leituras 111
Método pessoal 114

O caráter ocultista das cartas 117
O esoterismo do Tarô 119
Considerações finais 123

APRESENTAÇÃO

Luis Pellegrini

O que são as cartas do Tarô? O que as faz diferentes das cartas comuns? Elas podem, realmente, predizer o futuro? Qualquer pessoa pode aprender a interpretá-las? Estas são apenas algumas das muitas perguntas que o público leitor costuma formular em relação ao misterioso sistema divinatório conhecido por Tarô.

Centenas de autores debruçaram-se sobre essa questão, mergulhando na história do Tarô, no seu significado simbólico, nas suas ligações com outras doutrinas ocultas, como a astrologia, a cabala, a alquimia, a numerologia, etc., bem como nas maneiras como é utilizado para lançar luz sobre o passado, o presente e o futuro. A pesquisa continua e, nos dias de hoje, tende a aumentar, pois os investigadores sérios já podem utilizar, além das abordagens tradicionais de tipo esotérico, também as ferramentas da moderna mitologia, da parapsicologia, da simbologia e, sobretudo, da psicologia arquetípica estruturadas por Carl Gustav Jung e seus seguidores.

A origem do Tarô é desconhecida, embora existam muitas suposições a respeito. Costuma-se atribuí-la a fontes egípcias, chinesas ou indianas, e uma teoria muito difundida, divulgada nos tempos modernos pelo ocultista francês Papus, afirma que o Tarô foi introduzido na Europa pelos ciganos originários da Ásia Central. Mas não existe evidência real disso. A primeira prova concreta da existência do Tarô na Europa são algumas cartas francesas do final do século XIV. Tal fato parece negar a origem cigana, já que os primeiros nômades dessa raça só chegaram à França muito tempo depois. É igualmente difundida a crença de que essas cartas foram elaboradas por sábios ocultistas de alguma civilização do passado. Prevendo o início de um ciclo histórico de decadência moral e espiritual da humanidade, eles idealizaram um sistema extremamente sintético para preservar, de forma simbólica, o conteúdo essencial do seu conhecimento esotérico e criaram um conjunto de imagens alegóricas. Seu raciocínio era claro: os homens entrarão numa fase de distração das preocupações espirituais. Assim, a própria distração poderia ser o meio mais adequado para preservar e transmitir o verdadeiro conhecimento.

Assim parece ter acontecido. Desde a época em que surgiu e se popularizou, o Tarô é conhecido principalmente como um sistema de adivinhação, um passatempo ou distração. Mas os ocultistas vêem nessas cartas, principalmente nas vinte e duas que integram os chamados Arcanos Maiores, alguma coisa de muito mais importante que uma simples série de emblemas ou alegorias destinada à distração ou adivinhação. Bem ao contrário, tais cartas encerrariam todo um sistema de símbolos cujo conjunto constituiria uma verdadeira "chave dos mistérios", o segredo da real natureza do homem, do universo e de Deus. Na aparência as cartas do Tarô seriam um mero passatempo, mas atrás desse verniz superficial elas constituiriam um extraordinário meio educativo, mostrando a ordem e a edificação do universo. Colocados numa ordem conveniente, os Arcanos Maiores representariam uma "escada simbólica que conduz do céu à terra". Mas, como todas as escadas possuem dois sentidos, lendo-as de baixo para o alto elas provariam que o homem pode, progressivamente, elevar-se na ordem espiritual. Indo ainda mais além, cada um dos vinte e dois Arcanos simbolizaria um degrau, um tipo particular de prova ou experiência que deverá ser obrigatoriamente vivenciada para que o indivíduo chegue ao patamar seguinte.

Da mesma forma que existem muitas versões quanto às origens do Tarô, também existem muitas interpretações sobre o seu real significado. Isso motivou a criação de um sem-número de versões gráficas das cartas, cada uma delas de autoria de um ocultista, ou grupo de ocultistas, mais ou menos gabaritado. Pela mesma razão, nenhum intérprete do Tarô pode reivindicar a posse da chave definitiva para a sua interpretação. Como acontece com todos os sistemas esotéricos de conhecimento — a astrologia, por exemplo — é impossível agarrar-se, de maneira completa, o significado de cada um dos Arcanos e do seu conjunto. Tal como as grandes figuras da mitologia universal, cada Arcano aparece carregado de simbolismo subjetivo. Pode ser examinado a partir de muitos ângulos e perspectivas, em função do grau ou nível de consciência do manipulador. Tal fato fez com que, no transcorrer dos séculos, a interpretação do Tarô sofresse um sem-número de distorções. Abordagens supersticiosas, vôos excessivos da fantasia e especulações de todo tipo contribuíram para a formação de uma singular moldura, no meio da qual repousa hoje o Tarô. Se por um lado isso provocou, em pensadores de formação rigidamente racionalista, muitos preconceitos e dúvidas quanto à validade do Tarô como sistema autêntico de conhecimento, por outro lado não conseguiu desfigurar a natureza mais profunda dessas cartas. Ao contrário, contribuiu para aumentar a sua radiação de magia e mistério, permitindo um mais profundo enraizamento nos meios populares.

O Tarô não é um simples sistema adivinhatório. Mas, mesmo dentro deste aspecto, provavelmente secundário, ele é hoje considerado um dos mais bem elaborados métodos que integram o vasto campo da simbolomancia — a adivinhação através dos símbolos. O sistema é válido. Tem inegável eficiência prática e resiste perfeitamente à análise a partir dos parâmetros teóricos da moderna parapsicologia, que estuda os mecanismos dos processos paracognitivos.

Mas o mais importante é que o verdadeiro Tarô é puro simbolismo: ele fala uma linguagem que emerge da mente coletiva do homem. Suas cartas apresentam figuras, desenhos, signos e sinais de significado simbólico de tipo quase sempre universal. Foi exatamente esse aspecto fundamental que atraiu para o Tarô as atenções de muitos investigadores sérios, donos de sólido embasamento científico, como Carl Jung.

Grande interessado na ciência dos símbolos, esse psicólogo sabia que os significados atribuídos aos mesmos variam no transcurso dos séculos. Mas essas modificações referem-se, na maioria das vezes, a elementos de detalhe. Historicamente constata-se que, em conjunto, os valores simbólicos são constantes. Por outro lado, esse problema supera os limites da história da adivinhação e se relaciona, de maneira mais geral, com a história das religiões e com a psicologia dos povos e dos indivíduos. A partir dos estudos dos símbolos nas distintas crenças e nos principais mitos e lendas da humanidade, unido à sua experiência clínica como psicólogo, Jung montou a teoria do inconsciente coletivo. Segundo ela, tudo acontece como se cada indivíduo deitasse suas raízes psíquicas num fundo comum a toda a espécie humana. Essa descoberta, que revolucionou a moderna psicologia, parecia ser já do pleno conhecimento daqueles que criaram o Tarô. As figuras simbólicas representadas nas cartas repercutem de tal forma no psiquismo profundo, que a pessoa que as contempla e sabe refletir sobre elas sente surgir do âmago de si mesma as respostas desejadas.

Um grande trampolim para mergulhar em profundidade no inconsciente — eis o Tarô. Num momento histórico em que os processos que estabelecem a ponte consciente-inconsciente aparecem como a grande alternativa para subtrair o homem da grande crise filosófica e psicológica que submerge a humanidade, um sistema como o Tarô merece ser considerado de forma muito mais séria.

É, portanto, mais que bem-vindo este trabalho do médico e pesquisador Carlos Godo sobre o Tarô de

Marselha. Eficazmente organizado como texto básico e introdutório, ele será certamente ponto de partida para outras obras, em português, que abordem os mistérios mais profundos dessas cartas.

As Cartas

Popularmente conhecido como "cartas de ler a sorte", "cartas ciganas", etc., o Tarô é um conjunto de 78 cartas representando figuras humanas, animais, vegetais, objetos e símbolos. Essas cartas, ou lâminas, como também são conhecidas, contêm um significado oculto, tanto individualmente como em relação umas às outras, como veremos mais adiante.

Esse conjunto de 78 cartas se divide em dois grupos. Ao primeiro, denominado Arcanos Maiores, correspondem 22 cartas, tradicionalmente numeradas de 1 a 21 mais uma não-numerada ou identificada pelo número zero. Mais raramente, alguns jogos não apresentam o número 13, mas isso por mera superstição. O segundo grupo de cartas, conhecido por Arcanos Menores, ou simplesmente "os naipes", contém 56 cartas, subdivididas em quatro grandes subgrupos, os naipes propriamente ditos: paus, copas, ouros e espadas. Cada naipe abrange quatorze cartas: um rei, uma rainha, um cavaleiro, um valete e cartas numeradas de um (ás) a dez. As cartas de jogar, que todos conhecem, deriva deste segundo grupo do Tarô.

Origem

A origem das lâminas é bastante obscura e controvertida. Algumas correntes as relacionam com a religião do Egito antigo, onde o Tarô (ou Livro de Thot) seria a forma que os antigos sacerdotes egípcios teriam encontrado de preservar para a posteridade seus conhecimentos, sobretudo aqueles referentes ao caráter transcendental do ser humano. Assim, velando tais conhecimentos num mero passatempo, estariam protegendo sua ciência da destruição, ao mesmo tempo em que estariam limitando o acesso a seu conteúdo mais profundo apenas a iniciados. Os defensores dessa tese baseiam suas afirmações no fato de alguns modelos de Tarô apresentarem simbolismo e figuras calcados em elementos do Egito antigo. Um estudo mais acurado, entretanto, revela-nos que, na realidade, a influência do simbolismo ocultista francês é bem mais pronunciada.

Outros autores, entretanto, tentam creditar a autoria do Tarô ao povo judeu. Isso porque alguns conjuntos de lâminas apresentam, nos Arcanos Maiores, os 22 caracteres do alfabeto hebraico, paralelamente a uma numeração arábica. Mas isso é considerado apenas coincidência. Posteriormente e devido a esse fato, surgiu toda uma corrente baseada na interpretação cabalística das cartas, o que contribuiu para conturbar ainda mais o problema da possível origem das cartas.

Como o Tarô também se tornou muito popular entre os ciganos, um novo modelo de cartas, com um grafismo diferente, teve origem com esse povo. Na Idade Média, cada corte tinha seu próprio adivinho e, logicamente, também seu próprio conjunto de lâminas. E proliferaram pela Europa, durante esse período, Tarôs com os mais diferentes estilos, apresentações e motivos, inclusive de caráter caricatural. Aliás, ao estudioso interessado, recomendamos a leitura do *Tarô clássico*, de Stuart R. Kaplan (Editora Pensamento), que traz um aprofundado estudo dos diversos Tarôs europeus de várias épocas.

Atualmente, há quem considere como chinesa a real origem do Tarô. Existem relatos de que, na China, desde a mais remota antigüidade, jogava-se ou adivinhava-se a sorte com um conjunto de tabuinhas pintadas com figuras de animais, flores, dragões, etc. Com o aperfeiçoamento desse jogo, dois sistemas evoluíram: um deles acabou originando o moderno dominó, ao passo que o outro teria mantido suas características de "jogo divino". Através da Índia, receberia grande modificação, com a introdução de elementos humanos, bem como sua divisão em Arcanos Maiores e Menores.

Sabe-se também que o Tarô encontrava-se bastante difundido entre os árabes por ocasião das Cruzadas, tendo sido trazido para a Europa pelos cavaleiros europeus que retornavam do combate aos mouros. Claro que, em pleno furor religioso, não se aceitariam cartas com motivos eminentemente orientais. As cartas teriam então recebido uma "roupagem" condizente com os costumes da época. Datariam desse período as primeiras edições do Tarô, de apresentação rústica e medieval, das quais conhecemos principalmente o chamado "Tarô de Marselha", que os estudiosos consideram o mais primitivo Tarô ocidental. Seria, portanto, o mais próximo de suas origens. Isso não significa, entretanto, que apenas esse conjunto de cartas tenha valor; os demais também são válidos, apenas seu simbolismo apresenta-se não raro prejudicado pelas inúmeras alterações introduzidas, muitas vezes emprestando à carta um significado avesso ao real.

Interpretação

Costuma-se atribuir um determinado significado a cada uma das cartas do Tarô. Essa é a forma como ele chega mais comumente ao público, empregado tanto por cartomantes como por estudiosos. Aos Arcanos Maiores, atribuem-se significados mais ou menos flexíveis, abrangentes, genéricos, mantendo-se restritos e particularizados os significados dos Arcanos Menores. Essa constitui a forma mais usual de interpretação por estudantes sérios quando não há necessidade de leituras mais elaboradas ou quando não há uma preocupação maior com a clareza.

Um outro tipo de análise das cartas, principalmente dos 22 Arcanos Maiores, é aquele em que se procura apreender o significado da carta através de seu simbolismo e das reações intuitivas que ela desperta, bem como de seu posicionamento em relação às cartas vizinhas. Esse tipo de interpretação confere ao Tarô dimensão e profundidade infinitas, fazendo do lançamento de suas cartas um verdadeiro canal de captação do todo.

O caráter divinatório do Tarô constitui sem dúvida seu aspecto mais conhecido, mais vulgarizado. Nada mais compreensível, visto que, desde tempos imemoriais, o ser humano procura descortinar seu futuro, palpar o obscuro porvir. Tanto assim que as mais diversas formas de oráculo desfilaram pela História em todas as culturas. Hoje o Tarô constitui um dos mais populares e divulgados meios de consulta oracular que se conhece, se não for mesmo o mais popular.

Mas o Tarô não é apenas um jogo de adivinhação; isso o estudioso seriamente interessado não tardará a perceber. Um verdadeiro mergulho nos padrões cósmicos que regem a existência espera por aqueles que se propuserem a, antes de desvendar o amanhã, lançar um olhar "para dentro".

Numa primeira abordagem, o Tarô nos remete a três níveis distintos de profundidade. Chamaremos esses níveis de *físico, mental* e *espiritual* (ou consciente, subconsciente e inconsciente, aos que assim preferem).

Nível Físico

Ao nível físico corresponde uma interpretação literal das cartas, ou seja, pelo seu conteúdo gráfico, sem grandes preocupações intuitivas, pouco dependendo do grau de conhecimento ou de sensibilidade do intérprete. Trata-se da forma de leitura mais superficial, mais epidérmica, por isso mesmo mais conforme aos problemas do nosso dia-a-dia (dinheiro, emprego, amores, casamento, filhos, inveja, ciúmes, etc.). Enfim, está em relação direta com nosso lado material, biológico, racional. Constitui a forma de leitura mais corriqueira, aquela comumente empregada pelos cartomantes e curiosos em geral.

Nível Mental

No nível mental, em que começamos a nos aprofundar em nossas fronteiras abstratas, a interpretação se faz já vislumbrando a ação das forças e leis que regem a natureza, o cosmo. Aqui, a intuição começa a se mostrar, e o consulente começa a perceber suas relações com o mundo a seu redor (e não mais apenas com o intérprete), as grandes tendências de seu futuro, porém já em termos de uma auto-avaliação. As experiências estético-sensoriais vão ocupando os espaços antes preenchidos por sensações unicamente orgânicas. Em suma, o nível mental é o elo de ligação entre os dois extremos — o material e o espiritual.

Nível Espiritual

O terceiro e mais profundo nível, o espiritual, só faz sentido para aqueles que já se voltaram para o caráter eterno do ser, aqueles para quem o mundo material, com todas as suas atrações, já não exerce influência, ou, pelo menos, não mais ocupa lugar de destaque na escala de valores. Essas pessoas, tendo já transcendido suas limitações materiais, preocupam-se com sua parte imortal, passando a ter (e ser) um canal aberto aos planos superiores. Em tal situação, o estudioso do Tarô tem sua intuição extremamente aguçada, estando em condições de estabelecer suas próprias normas de conduta e de decidir sobre quais aspectos de sua vida deve interferir para obter maior crescimento espiritual e energético. Rompeu o ego, libertou o eu...

Em cada caso, isto é, em cada um desses três níveis, deve-se efetuar um estudo pormenorizado das cartas, o que pode ser feito de duas maneiras: pela análise de cada carta e pela análise de todo o conjunto.

Análise Individual das Cartas

A análise e interpretação do grafismo de cada carta envolve três etapas: a análise das cores, de sua distribuição (isto é, de seu posicionamento na mesa em relação às outras cartas) e, finalmente, a análise conjunta do simbolismo gráfico e das cores. Para tanto, lançamos mão de alguns conhecimentos ocultistas básicos.

Figuras geométricas

● *Ponto, círculo, triângulo.* Representam a essência, o espírito; o ponto é o espiritual em sua forma embrionária, potencial, e o círculo, sua realização. O triângulo significa a espiritualidade polarizada, ou seja, o plano espiritual mais baixo, mais próximo à matéria. Daí os dois triângulos entrelaçados (o selo de Salomão), um apontado para cima, significando o ser humano ascendendo ao divino, e o outro apontando para baixo, significando o elemento divino em sua descida até a matéria.

● *Cruz e/ou quadrado.* Geralmente representam o mundo material, o sofrimento, a necessidade de superação e transcendência desse plano. O quadrado ou o cubo estão mais ligados ao materialismo, enquanto a cruz representa o sofrimento no físico (perdas, hábitos, vícios, etc.).

● *Lemniscata**. Representa a parcela essencial do ser humano, ou seja, a sua alma. Corresponde aos processos que ocorrem no transcorrer da vida de uma pessoa e não são determinados pela personalidade.

As cores

Ás cores correspondem às condições psicológicas ou ao estágio espiritual do indivíduo, seu grau de apego e/ou desprendimento do plano físico.

● *Vermelho.* Significa ação, violência, agressividade, arroubo, sexualidade, virilidade.

● *Azul.* Expressa passividade, introspecção, ponderação, materialismo, indecisão, feminilidade.

● *Amarelo.* Representa o intelecto ou as fixações intelectuais do indivíduo; se na cabeça, intelectualismo ou atividade intelectual predominante; se nos braços e pernas, esperteza, trabalho com as mãos e os pés.

---

* Do latim, *lemniscata*, "ornada de fitas"; sua forma, um 8, lembra um laço de fita. É a forma do chapéu do Mago e da Força.

● *Branco*. Denota pureza, a alma, a essência do ser; desenvolvimento por meio de crescimento interior e não da personalidade.

● *Verde*. Expressa regeneração, decomposição, desagregação, podendo representar, ao mesmo tempo, renovação. Em geral é expresso pelo simbolismo vegetal nas cartas.

Os objetos

São quatro os objetos mais comumente reconhecidos no grafismo das cartas, e podem estar representados de maneira direta ou indireta.

● *Bastão ou clava (paus)*. Significa o cetro de poder; ação, intelectualidade.

● *Copo ou taça (copas)*. Expressa receptividade, passividade, emoção.

● *Espada, punhal (espadas)*. Violência, atividade física, ação.

● *Moeda, roda, pantáculo (ouros)*. Denota a matéria, o ambiente exterior.

Direção e posição

As direções e posições das figuras representadas nas cartas também apresentam importante significação.

- *Para a esquerda.* Representa o passado.

- *Para a frente.* Se encarando o consulente, é o presente.

- *Para a direita.* Denota o futuro.

- *Figura em pé.* A ação será imediata ou o acontecimento está bastante próximo.

- *Figura sentada.* A ação será demorada ou o acontecimento demanda um certo tempo para ocorrer, ou, ainda, reflete antigas influências do passado.

- *Para baixo.* Representa acontecimentos ou ações ligados ao passado, mas interferindo nos assuntos presentes.

- *Para diante.* Direita ou esquerda, segundo um plano horizontal: significa acontecimentos atuais, aqueles que se desencadearão presentemente.

- *Para cima* (o Louco é a única figura que olha para cima). Significa possibilidade de ação ou de liberação.

Evidentemente todas essas interpretações podem variar. Portanto a mesma carta pode mudar de significado segundo as influências externas que motivaram sua saída do conjunto (o tipo de pergunta formulada, o estado emocional, bem como as condições psicológicas do interessado ou do intérprete, e até mesmo do ambiente em que se processa a leitura). Desse modo, quem atribui significados determinados e únicos às cartas, sem levar em consideração todos os elementos que estão atuando sobre a leitura, está limitando tremendamente o Tarô.

Análise das Cartas em Conjunto

Essa fase segue-se à leitura individual das cartas, devendo ser analisadas, entre outras coisas:

a) a harmonia ou desarmonia dos elementos antagônicos — ação/imobilidade, espiritualidade/materialismo, atividade/passividade, etc.;

b) as influências recíprocas que as cartas exercem umas sobre as outras;

c) a localização da carta dentro de cada leitura (falaremos sobre isso mais adiante, quando abordarmos o embaralhamento e a leitura das cartas).

Os Arcanos Maiores

Esse conjunto, em número de 22 cartas, compõe a base, o alicerce do Tarô. Ao contrário dos Arcanos Menores, sua significação é central, um tanto fixa, porém de simbologia muito mais profunda. É nesse conjunto que os três níveis se configuram e é nele que o estudioso interessado deve focalizar sua atenção.

A simbologia expressa no rico grafismo desse grupo de cartas, carregada de forte conteúdo esotérico, conteria (de maneira velada e só acessível a iniciados ou aspirantes — e, mesmo assim, de forma lenta e gradativa) aquele arquétipo universal, aquela ordem maior que rege a existência (macrocosmo) e da qual o ser humano é um pálido reflexo, simples projeção, mas parte integrante, ainda que diminuta (microcosmo).

Passamos a seguir ao estudo detalhado das 22 lâminas do grupo dos Arcanos Maiores.

O MAGO

1. O Mago

O homem no sentido natural, desconhecedor de suas potencialidades e possibilidades.

Seu chapéu forma a lemniscata, o oito horizontal, símbolo do infinito e do conhecimento esotérico; os ombros formam um círculo e a mesa forma o quadrado da matéria.

Nas mãos do mago vemos o bastão (cetro) e a moeda (círculo) de maneira oposta, representando o engano. O vegetal significa vitalidade.

Detalhes importantes:

- a oposição cetro/moeda;
- os braços formam o *aleph*;
- o disfarce do potencial dos objetos sobre a mesa — punhal (espada); taça (cálice); moeda (círculo); bastão (cetro);
- o olhar e a direção do olhar do mago.

Interpretação

- Posição correta: início de atividades (excesso de vermelho), empenho para falar, atuar, estudar ou escrever. Capacidade de aceitar riscos. Inteligência alerta e aberta; eloqüência persuasiva.
- Posição invertida: charlatanice, covardia, fraude.
- Sentido esotérico: reconciliação de extremos, desenvolvimento do eu dentro das possibilidades oferecidas pela vida. A cegueira do homem perante seu próprio estado e suas potencialidades espirituais.

2. A Papisa

Necessidade de tornar-se receptivo, de pensar, ou de parar, a fim de se aprimorar. Deve-se receber experiências no campo espiritual para se aprimorar.

O tronco e a cabeça da figura formam um triângulo ascendente e a parte inferior de sua cabeça forma o sinal da matéria.

Detalhes importantes:

- o olhar e a direção do olhar da figura;
- o livro, como fonte de sabedoria;

- a predominância do azul;
- a cor vermelha losangular (vagina) como atividade escondida.

Interpretação

- Posição correta: intuição, coisas escondidas, influência da Lua e de Saturno; silêncio ou necessidade de silêncio, um estrangeiro, sentimento religioso.
- Posição invertida: preguiça, imaginação em excesso, intenções hostis.
- Sentido esotérico: desenvolvimento da vida contemplativa, necessidade de retorno ao âmago intelectual e espiritual, percepção das próprias necessidades espirituais. A mulher ideal.

3. A Imperatriz

O ser humano realizado, plenamente consciente de suas potencialidades.

As asas encurvadas da águia no brasão representam autoridade moral, espiritualidade. O tronco e a cabeça formam o triângulo ascendente, espiritual, e a parte inferior da figura forma o quadrado da matéria.

Detalhes importantes:
- a direção do olhar da figura;
- a predominância do azul;

- a coroa (realização e poder);
- o cetro amarelo;
- o brasão entre o céu e a terra;
- as asas da águia apontando para cima;
- as asas da própria figura;
- a planta à esquerda.

Interpretação

● Posição correta: sabedoria, força espiritual, ação, inquietude, evolução, progresso das forças da civilização. Corresponde às influências femininas da Lua, de Vênus.

● Posição invertida: frivolidade, vaidade, falta de senso prático, prodigalidade excessiva, perda de bens materiais, esterilidade.

● Sentido esotérico: representa a alma do homem, sua compreensão, elegância e domínio; representa também a feminilidade como forma de expressão, de criação e de poder exercido com sutileza. Simboliza ainda esplendor e mesmo a mulher amada.

4. O Imperador

Representa o ser humano, ou melhor, como ele virá a ser quando desenvolver seus potenciais.

A cabeça e as costas formam o triângulo ascendente da espiritualidade, e as pernas se cruzam, simbolizando a matéria.

Detalhes importantes:
- o chapéu, que representa crescimento interior;
- a predominância do azul;
- o cetro amarelo;

- o cinto amarelo e o medalhão;
- a águia no brasão, com as asas abertas;
- a planta começando a se desenvolver.

Interpretação

● Posição correta: forte autoridade ou necessidade de consulta a uma autoridade superior; vontade, força de execução, riqueza material; influência de Saturno, Marte e Júpiter. Representa a lei, o poder público, perseverança, força resoluta, certeza.

● Posição invertida: dogmatismo, fraqueza de caráter, medo da autoridade, imobilismo.

● Sentido esotérico: fluxo de energias no sentido da realização.

* * *

Observação. Temos até aqui o primeiro grupo de cartas, representativo do início de uma atividade, desde o Mago (iniciador) culminando no Imperador, triunfante e autoconfiante. Partimos agora para um novo ciclo, que, além de conter seu próprio significado, complementa o anterior.

O SUMO SACERDOTE

5. O Sumo Sacerdote

A fertilização do espírito, o uso e o abuso do conhecimento esotérico ou ocultista.

A cabeça apresenta-se coroada por uma tiara em que predomina o amarelo, ou seja, a espiritualidade. A mão direita aponta a esquerda, que segura a cruz tríplice, também amarela, denotando a necessidade de se iniciar o estudo das coisas espirituais e esotéricas. O torso e a cabeça reafirmam tal situação ao formarem o triângulo ascendente. As duas figuras ajoelhadas representam os bons e os maus potenciais, e suas mãos formam um novo *aleph*, representando o início de um novo ciclo.

Detalhes importantes:

- o olhar da figura;
- as colunas atrás da figura (asas em potencial);
- as cores;
- a veste azul e o manto vermelho.

Interpretação

- Posição correta: dever, consciência, disposição para a vida religiosa, conselheiro, conselhos, generosidade, perdão, autoridade moral, doação de conhecimento.
- Posição invertida: moralismo estreito, superstição, conselheiro pedante e incompetente.
- Sentido esotérico: a procura de um mestre; indecisão quanto à moralidade de uma situação, do certo e do errado; necessidade de se conhecerem todas as facetas de um problema.

6. O Enamorado

A indecisão do ser humano frente a decisões difíceis, porém inevitáveis.

À esquerda está a mãe (ou o vício), que aponta para as partes genitais; à direita, a amada (a virtude), apontando para o coração; no meio, Cupido arma sua flecha, tendo ao fundo o fogo lunar; a figura do Enamorado olha para a esquerda.

Detalhes importantes:

- as listras na roupa da figura central, que indicam indecisão, pois não há dominante;

● a cor vermelha, que predomina à esquerda, e a cor azul, que predomina à direita;
● a direção da flecha;
● a cor do chão aos pés do Enamorado.

Interpretação

● Posição correta: necessidade de decisões e de escolhas responsáveis, desejo e simpatia benevolentes, escolha de relacionamento, casamento.
● Posição invertida: irresponsabilidade, vícios, hipocrisia.
● Sentido esotérico: luta interior para chegar a uma decisão sobre os aspectos físico e espiritual.

7. O Carro

O ser humano equilibrado e, portanto, bem sucedido, que foi capaz de decidir corretamente.

O corpo do homem, coroado em amarelo, representa o equilíbrio no bem e o poder; a moldura formada pelos quatro mastros mostra que ainda há certo apego à matéria; o carro corresponde ao corpo material, veículo do espírito; e os dois cavalos significam as contradições entre a passividade e a atividade, as emoções contraditórias.

Detalhes importantes:

- os quatro mastros coloridos e o equilíbrio de suas cores;
- o cetro amarelo;
- uma das mangas é amarela e a outra vermelha;
- o azul central no tórax da figura;
- as ombreiras;
- o vegetal no centro;
- as expressões dos cavalos, bem como suas direções opostas.

Interpretação

- Posição correta: merecido triunfo sobre os obstáculos, sucesso nas empreitadas, principalmente nas iniciadas sob a influência de Júpiter; viagens bem-sucedidas, trabalhos bem-executados.
- Posição invertida: colapso inesperado de planos; doenças, fracassos, prejuízos, perdas no último instante.
- Sentido esotérico: capacidade humana de, através da mente, controlar o corpo (carro) num rumo certo e definido, apesar das emoções.

* * *

Observação. Encerra-se aqui o conjunto das primeiras sete cartas, representativas do desenvolvimento das qualidades do homem por meio de sua luta para sair-se vitorioso tanto sobre a matéria como sobre o espírito. Agora, com a carta 8, tem início um ciclo de avisos e mensagens representando perigos e que compreende cinco cartas.

8. A Justiça

O equilíbrio entre o bem e o mal, que deve ser conseguido pelo homem. Uma parada para pensar e analisar a situação. Necessidade de deliberação antes de tomar uma decisão importante e necessária.

Os ombros e a balança formam o triângulo ascendente, espiritual; há equilíbrio nas cores azul e vermelha, e o encosto da cadeira forma as "asas" da alma. Ao mesmo tempo, nota-se a espada (matéria) erguida, em posição de ação, empunhada pela mão direita. O símbolo de equilíbrio pende à esquerda.

Detalhes importantes:

- a posição frontal da figura;
- sua expressão resoluta;
- a balança amarela;
- a coroa amarela;
- a espada, que aponta para cima;
- a planta no chão.

Interpretação

- Posição correta: equilíbrio, regularidade, honra, harmonia, estabilidade, ordem, conservação, razão, lei, virtude, integridade.
- Posição invertida: complicação, fanatismo, timidez, intolerância, abuso, desordem, injustiça.
- Sentido esotérico: nosso eu tentando deliberar sobre a ação a ser tomada.

9. O Eremita

O ser humano ligado ao passado, à procura de algo intangível, desligando-se de toda atividade normal. O homem que já atingiu o conhecimento e tenta iluminar os de seu tempo. O peso do saber, que não encontra aplicação prática no mundo utilitarista. Indica também a necessidade de uma mudança ou abertura na vida, bem como de uma busca efetiva de autoconhecimento.

Apenas o rosto, a lanterna e o bastão sobressaem das vestes.

Detalhes importantes:

- o capuz caído, deixando descoberta a cabeça;
- a direção da figura;
- a lanterna, elevada, na mão direita;
- o bastão, na mão esquerda, apoiando-se no chão;
- as cores da lanterna;
- a figura recurvada, de idade avançada;
- a expressão do Eremita;
- a cor amarela por dentro do manto.

Interpretação

- Posição correta: silêncio, "morte" social, meditação, retirada da vida, prudência, sabedoria, espírito de sacrifício.
- Posição invertida: avareza, falta de sinceridade, misantropia, procura de proteção, atos imprudentes, imaturidade.
- Sentido esotérico: preocupações com o passado podem atrasar o desenvolvimento espiritual do homem; exageros à parte, representam as bases desse mesmo desenvolvimento.

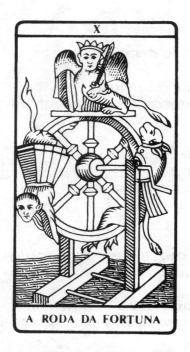

A RODA DA FORTUNA

10. A Roda da Fortuna

O mundo da ilusão e da mudança, ascensão e queda, com sua força controladora: a não-presença, o desequilíbrio, o destino como dominador.

A figura animalesca no alto, coroada e alada, representa o homem que conseguiu "sucesso". Significa também a ilusória vitória sobre a existência. Os dois outros animais presos à roda expressam os altos e baixos que a vida nos impõe, bem como a luta dos espíritos malignos para se apossarem do ser incauto. O medo do espiritual, da união do homem com os deuses ou com Deus.

Detalhes importantes:

- as cruzes invertidas nos pés da roda (bases espirituais);
- não se vê o outro lado do eixo da roda, bem como a coluna direita que o apóia;
- os raios da roda, em número de seis;
- o ser que sobe, amarelo (espiritual, embora animalesco);
- o ser que desce, cor de carne, simiesco (o homem em sua condição animal);
- as expressões dos três animais.

Interpretação

- Posição correta: período de instabilidade, falsidade, mudanças, ilusão.
- Posição invertida: não tem significado nessa posição.
- Sentido esotérico: o círculo representa a necessidade de as forças malignas se apossarem do ser humano a fim de, neste, se autopurificarem. Os raios da roda significam a tentativa das forças negativas de tornar o homem cada vez mais animalizado e materialista, com a conseqüente perda de sua liberdade. Indica que essas forças maléficas agem no sentido de igualar o homem a elas próprias.

A FORÇA

11. A Força

Representa a atuação de uma força superior (no caso, a vontade do ser humano) sobre a força bruta — os instintos, a parte animal do ser humano.

O chapéu da figura humana forma a lemniscata e seus ombros um semicírculo; os braços cruzados submetem um leão amarelo. Domínio do espírito pela ação de uma força superior.

Detalhes importantes:

- a lemniscata (infinito) sobre a cabeça, no chapéu;

● as cores em equilíbrio na parte superior da figura;

● a figura humana parece dominar o leão com facilidade;

● a direção do olhar;

● o pé da figura em direção ao futuro;

● o leão não tenta fugir.

Interpretação

● Posição correta: algo deve sofrer uma transmutação. Utilização racional da força; reconhecimento de suas vantagens e desvantagens. Uso da força pela negação de seu emprego.

● Posição invertida: domínio pelas coisas materiais, com inversão da ordem de valores.

● Sentido esotérico: completa o sentido da carta anterior, mostrando a luta entre o bem e o mal das forças espirituais contra a matéria.

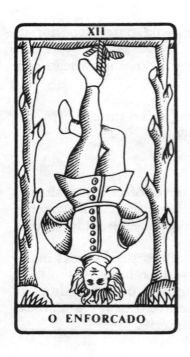

12. O Enforcado

Desconhecimento completo do caos interior ou exterior que cerca a existência do ser humano, que se esforça em não mudar de postura. A futilidade dos esforços por manter uma determinada posição, pois não existe razão para isso.

As pernas cruzadas denotam predominância do mundo material sobre o espiritual. O restante do corpo forma o triângulo descendente, invertido, indicando algo não-natural. O quadrado (mundo material) envolve a figura inteiramente.

Detalhes importantes:

- os pés não estão amarrados (a situação não é incorrigível);
- a cor vermelha dos membros inferiores;
- o olhar da figura;
- as plantas;
- os ramos cortados dos troncos.

Interpretação

- Posição correta: crise interna que pede a imediata resolução; passividade.
- Posição invertida: tentativa de solucionar o problema, de autocorreção.
- Significado esotérico: o homem primeiro deve "morrer" para a matéria a fim de poder ingressar no mundo espiritual.

* * *

Observação. Esse conjunto de cinco cartas funciona como uma alavanca apoiada sobre o conceito de que a realidade, tal como a conhecemos, é ilusória. A Roda da Fortuna e mais as duas cartas que a antecedem indicam o processo de conscientização, enquanto que as duas seguintes representam os processos que temos à nossa disposição para vencer esse obstáculo. O somatório do conjunto vai se cristalizar na carta seguinte, a Morte.

13. A Morte

Uma transformação inevitável ou mesmo um rejuvenescimento. É o planeta Saturno, cujo símbolo se forma pela cruz dos braços e pela foice.

Detalhes importantes:

- parte do esqueleto se encontra envolvida por carnes;
- a foice é vermelha e o cabo amarelo;
- o pé esquerdo atravessado pela foice;
- a direção da figura;

- as cabeças no chão — o Sol e a Lua;
- a vegetação;
- a cor do chão;
- a lemniscata disfarçada formada pelos braços e pela foice.

Interpretação

- Posição correta: transformação, morte inevitável, influência de Saturno.
- Posição invertida: passa à influência de Júpiter, Sol e Lua; fertilidade, desenvolvimento.
- Significado esotérico: é chegada a hora de uma transformação de fato, no sentido de uma regeneração espiritual, após o reconhecimento da futilidade da realidade; é a "morte" material.

A TEMPERANÇA

14. A Temperança

Mudança, alteração, no sentido de que deve ocorrer uma ativa transformação de forças.
Uma figura angelical segura dois recipientes, transferindo água de um para o outro.

Detalhes importantes:
- a figura é feminina;
- seu olhar se dirige para o passado;
- as cores estão em equilíbrio;
- o fluxo da água — de três, passa para dois;

- as cores dos vasos;
- não há desperdício de água;
- a disposição das cores sugere o ying/yang chinês;
- as plantas.

Interpretação

- Posição correta: união de opostos, disciplina, autocontrole, viagem bem-sucedida, sociabilidade.
- Posição invertida: falta de personalidade, falta de controle, corrupção geral.
- Sentido esotérico: união de opostos ou, ainda, as voltas da Roda da Fortuna.

O DIABO

15. O Diabo

O ser humano dominado por suas paixões, vícios, emoções, do que somente se salvará se tiver a necessária firmeza para provocar conscientemente uma mudança.

O corpo do diabo, até seu pênis, forma um triângulo negativo, descendente, apontando para a base quadrada (matéria).

Detalhes importantes:

• as asas formam um semicírculo (desejo de voar, de ser puro);

● as cordas que prendem os dois cativos (emoções);

● o cinto do diabo (fixação ativa no sexo);

● as asas e membros azuis (passividade, preguiça);

● a expressão dos dois cativos (contentes ou indiferentes à situação em que se encontram);

● a espada quebrada na mão esquerda.

Interpretação

● Posição correta: período de estagnação, frustração total, sensação de barreira intransponível.

● Posição invertida: não tem significado nessa posição.

● Sentido esotérico: todas as más intenções, crimes, meias-verdades, mentiras e frustrações do mundo material aguardam a sua regeneração ou transformação por meio do sacrifício ou sofrimento.

* * *

Observação. O conjunto formado pelas três últimas cartas completa o significado do ciclo anterior, de cinco cartas, ao fornecer os elementos que deverão ser usados ou combatidos para se obter uma evolução interna. Agora, passa-se à situação exterior, ou seja, aquilo que depende de fatores externos.

16. A Casa de Deus

Falta de capacidade do homem em responder de forma eficiente a uma determinada situação externa; isso o afeta de tal maneira que ele despedaça sua própria condição interna ou os outros.

A torre é destroçada e dois personagens dela são arrojados. A torre tem forma retangular, mas seu teto é circular; um raio arranca seu telhado, significando a impossibilidade de ajustar-se um quadrado a um círculo, ou seja, a união de coisas naturalmente separadas.

Detalhes importantes:

- a torre quadrangular, o teto redondo com ameias amarelas;
- o raio do céu;
- as figuras em queda;
- as pedras vermelhas, azuis e brancas, descendo do céu;
- o chão amarelo e as plantas.

Interpretação

- Posição correta: catástrofes, excessos, desastre, perseguição de idéias genéricas, influências belicosas.
- Posição invertida: doenças, falta de rumo, punição injusta, perda da liberdade, ausência de definição.
- Significado esotérico: desastre espiritual que afetará o consulente por meio de ação não-condizente com as necessidades do momento ou da situação.

17. A Estrela

Inspiração, criatividade, oportunidades, o espírito da humanidade visto sob o aspecto criativo.

Quatro elementos estão visíveis e um invisível: fogo (a estrela), ar (o pássaro), água (saindo dos jarros) e terra (onde está a figura). Todos eles encontram-se em seus devidos lugares, interagindo, formando o quinto elemento, espiritual, que dá vida a todos os outros.

Detalhes importantes:

- os braços e os cabelos da mulher, mais a água que sai dos jarros formam o símbolo ying/yang, ou serpente da vida;
- a árvore da vida, com o pássaro, totalmente desenvolvida;
- parte da água cai na água e parte no chão, representando os atos e idéias perdidos e os atos e idéias férteis.

Interpretação

- Posição correta: inspiração, criatividade, contato com alguma pessoa que inspirará o consulente.
- Posição invertida: má sorte, doença mental, emoções desenfreadas, malconduzidas.
- Sentido esotérico: o ser humano é o ponto central das lutas dos elementos, e somente poderá equilibrar-se e realizar-se quando estabelecer equilíbrio entre eles. Essa lâmina representa também a influência dos elementos e astros em nossa vida material, mental e espiritual.

18. A Lua

Uma alegoria da condição humana sobre a Terra. A carta apresenta a Lua "sugando" a energia terrestre. Os dois animais, representando as emoções, uivam para ela; a lagosta na lagoa de águas paradas é Câncer.

Detalhes importantes:

- a expressão do rosto;
- os dois castelos ao fundo são amarelos, bem como o chão;

- a direção das gotas;
- o predomínio do azul;
- a lagoa de águas paradas (estagnação);
- as plantas.

Interpretação

- Posição correta: aviso de algo ruim, excesso de imaginação, influências perniciosas, exposição a perigos, drogas, alcoolismo, instabilidade. Relaciona-se ainda com os estados de sono.
- Posição invertida: decepção, falsas opiniões, fraude, pequenos prejuízos.
- Sentido esotérico: as condições da alma quando sob o domínio da matéria.

19. O Sol

Alegoria do processo de crescimento; o oposto da carta anterior. Reciprocidade, alegrias repartidas, frutos do trabalho a dois.

O Sol derrama sua energia para todos os lados. As duas crianças (Gêmeos) estão em atitude amistosa, portanto solidárias.

Detalhes importantes:
- os raios do Sol;
- a direção das gotas;

- o muro (isolamento, proteção);
- o predomínio do amarelo.

Interpretação

- Posição correta: presságio favorável, grande sucesso, facilidade e clareza de expressão, boas relações, amizade leal, contentamento no amor.
- Posição invertida: falhas, perda de valores, mal-entendidos.
- Significado esotérico: grande criatividade e felicidade, o paraíso, altruísmo, libertação.

20. O Julgamento

Renascimento a partir de uma reavaliação de valores e de atividades.

O anjo toca sua trombeta do céu para a Terra — é o processo de ativação da matéria. O grupo de figuras forma o ponto focal da energia ativadora, ou seja, representa a própria matéria.

O anjo segura ainda a cruz (matéria) na mão esquerda, ao mesmo tempo que procura "acordar" os que ainda não iniciaram o desenvolvimento espiritual. As três figuras são a mãe (Lua), o pai (Sol) e o filho, este de costas, representando a humanidade que ainda não se definiu. As duas figuras de frente representam conselheiros e guias já redimidos, que procuram ajudar os que ainda se encontram nos "túmulos".

Detalhes importantes:

- a nudez das figuras;
- a aridez da paisagem ao fundo;
- as figuras no plano terrestre (em número de três).

Interpretação

- Posição correta: regeneração, sucesso frente a uma dificuldade, decisão legal favorável, proteção.
- Posição invertida: falta de ajuda, divórcio, falha num empreendimento, indecisão, rompimento de laços bem-estabelecidos.
- Sentido esotérico: sucesso nas relações ou empreendimentos criativos, se conseguir vencer a letargia.

* * *

Observação. Esse conjunto de quatro cartas forma o segundo e último quaternário, baseado no IHVH divino, onde a primeira carta, a Estrela, indica início, criatividade ativa; a segunda, a Lua, representa a passividade, a inércia; o Sol seria a conjunção perfeita de ambas as cartas anteriores, com a aquisição de uma situação ideal, a qual, por sua vez, representa o reinício da evolução espiritual; e o sucesso nesse empreendimento estará representado na carta seguinte que deverá, portanto, ser analisada e interpretada dentro dessa perspectiva.

21. O Mundo

Uma reunião e síntese das cartas anteriores. A matéria dominada pelo espírito (círculo). Este, por sua vez, apresenta-se em equilíbrio entre atividade e passividade, rodeado pelos quatro elementos: o anjo (ar), a águia (água), o leão (fogo) e o touro (terra).

Detalhes importantes:

- as cores da guirlanda;
- o bastão da mulher;

- as pernas, que representam o inverso do Enforcado;
- o olhar da figura.

Interpretação

- Posição correta: sucesso, segurança, realização, conclusão, recompensa.
- Posição invertida: obstáculo a ser superado, ligação às coisas terrenas.
- Sentido esotérico: equilíbrio e organização entre espírito e matéria.

O LOUCO

22. O Louco - ou Zero (0)

A condição do ser humano sobre a Terra. Um homem com um chapéu de bobo, sacola nas costas, roupa extravagante e rasgada, caminha despreocupado, sendo perseguido por um cão.

Detalhes importantes:

- a direção da figura;
- a cor da roupa — conflito de emoções;
- as plantas no chão;
- a sacola nos ombros — leva o potencial para se tornar o Mago ou chegar ao Mundo;

- a expressão inconseqüente da figura;
- o bastão seguro sem convicção e mal tocando o chão;
- o chapéu amarelo;
- o bastão — cetro, espada ou o quê?
- o cão — emoção, desejos, situações.

Interpretação

- Posição correta: passividade, inicio de um processo, possibilidade, novos horizontes se abrindo, entusiasmo juvenil.
- Posição invertida: impulso cego, falta de direção, inconseqüência.
- Sentido esotérico: aconselha-se o consulente a olhar e avaliar o que possui e a tentar determinar um novo caminho.

* * *

Observação. Em cada tiragem a ser feita, o jogo deve ser descarregado ou "desmagnetizado" (vide p. 124) pelo menos nos seus Arcanos Maiores e, em seguida, suas cartas recolocadas na seqüência numérica.

Se a pergunta tem cunho de previsão de futuro, a carta do Louco (vide p. 70) funcionará como carta nº Zero, e deverá ser colocada no início do jogo remontado, antes do embaralhamento, ativando este para a análise dos processos e forças que atuarão no futuro. Se, ao contrário, a pergunta se refere ao momento presente ou passado, o Louco entrará no jogo como carta nº 22, ou seja, o final ou objeto do processo que está acontecendo ou já aconteceu. Desta forma, em cada "desmagnetizada" e remontagem do jogo, se ativa o Tarô para a pergunta a ser analisada.

Os Arcanos Menores

As cartas do jogo dito Menor correspondem às 56 cartas restantes do Tarô quando dele são retiradas as 22 cartas dos Arcanos Maiores. Esse conjunto assume um caráter periférico em relação àquele, e seria sua função esclarecer, explicar, acrescentar detalhes, minúcias; em suma, focalizar melhor as idéias genéricas colocadas pelas cartas dos Arcanos Maiores. É, portanto, nas leituras de consultas mais complexas — envolvendo situações que arrolam um número maior de pessoas e situações variáveis, grupos sociais diferentes e relações mais complicadas, enfim, quando se necessita de maior refinamento e sensibilidade na resposta — que os Arcanos Menores mostram sua utilidade.

Os significados dos Arcanos Menores, ao contrário dos Maiores, são fixos e ligados à sua natureza intrínseca. Também aqui temos três grandes níveis de significado: material (ou literal), mental e espiritual. No nível material, podemos utilizar os elementos discutidos mais adiante, enquanto que, nos níveis mental e espiritual, faz-se necessário um trabalho mais elaborado, individual, carta a carta, para se chegar a seus componentes mais profundos. Para o primeiro caso, podemos destacar alguns elementos fixos:

paus e copas — vermelhos ou amarelos;

espadas e ouros — negros, amarelos ou azuis.

Essas cores podem ser interpretadas à semelhança dos Arcanos Maiores:

- *Vermelho*. Atividade, vidência.
- *Azul*. Passividade, feminilidade.
- *Amarelo*. Intelectualidade, inteligência, sociabilidade.
- *Verde*. Putrefação, renascimento, reação, potencialidade.
- *Negro*. Ausência, parada temporária, processo oculto, ainda não-revelado.

Os significados das cores devem merecer especial atenção do estudioso, pois representam estágios, etapas, degraus no desenvolvimento humano. Em outras palavras, cada cor é representativa do nível de consciência do indivíduo num determinado momento. Daí as cores mais básicas representarem, respectivamente, o homem "normal", com seu intelecto, suas emoções e seu veículo físico.

A cor verde representaria, então, os momentos de crise interior, crises essas geradoras de etapas de renovação. A cor negra, por sua vez, representaria um período de maturação e necessidade de paciência. Essas duas cores funcionariam como verdadeiros choques elétricos, espicaçando e estimulando o ser humano a despertar e a sair de sua condição mais baixa, procurando assim se elevar.

Os Naipes

A palavra "naipe" tem origem no árabe *naib*, que quer dizer "representante", "mensageiro", alguém incumbido de uma determinada tarefa. Reconhecemos quatro naipes no Tarô: paus, copas, espadas e ouros.

Numa primeira classificação, podemos agrupar os naipes dois a dois como detonadores de atividade, exteriorização (paus e espadas) e de passividade, repouso (copas e ouros). Temos aí, portanto, um outro aspecto do dualismo do ser humano, que oscila constantemente entre esses dois parâmetros — atividade e passividade. Porém a existência de dois símbolos para cada uma dessas características nos permite situar ambos os aspectos num contexto centralizado no ser humano: movimento interno (paus) contra movimento externo (espadas). Igualmente, há a receptividade para os estados emocionais internos (copas) e há receptividade para os externos (ouros). Temos então:

Paus	*Ouros*
Atividade exterior	Passividade exterior
Intelecto	
Espadas	*Copas*
Atividade	Passividade
externa	Emoções internas

Saindo do contexto individual (isto é, do particular), podemos ampliar essa relação quádrupla, dando-lhe caráter geral e colocando-a numa visão coletiva:

Filosofia	Religião
Ciência	Arte

Portanto os significados atribuídos a cada um dos naipes dependem do enfoque dado à pergunta e, é claro, da resposta obtida. De um modo geral, entretanto, podemos fixar esses significados:

• *Paus*. Intelectualidade, dominação, idéias, espiritualidade, criatividade, poder, reflexão, racionalismo, controle, etc.

• *Copas*. Sentimentalismo, paixões, amor, ensino, passividade, receptividade, sensibilidade, fragilidade, expectativa, rancor, etc.

• *Espadas*. Ação, violência, adversidade, antagonismo, luta, transformação, morte, ferimentos, acidentes, golpes de sorte, coincidências, ações intempestivas, ações não-planejadas, etc.

• *Ouros*. Materialismo, realização, riqueza como resultado, final de um processo ou esforço, avareza, ambição, egocentrismo, sensualidade, tendência ao jogo, etc.

Pode-se dizer, então, que cada naipe representa uma tendência, a qual, por sua vez, irá se desenvolver num conjunto de situações correlatas e que deverão ser levadas em conta na interpretação.

As Figuras

Num sentido mais simples, as figuras dos naipes, em número de quatro (rei, rainha, cavaleiro, valete), representam as pessoas ligadas ao consulente.

● *Rei.* O dominador, aquele que exerce poder, que influencia o consulente; pode ser pai, marido, patrão, filho, governante, sacerdote, comandante, etc.

● *Rainha.* É o elemento modificador, aquele que dá condições para que o poder do rei se expresse de forma não-destrutiva ou tirânica; representa, igualmente, as opções ou saídas à pergunta formulada, estando expressa na figura da mãe, esposa, filha, amiga, amante, colega do sexo feminino, elementos femininos em geral.

● *Cavaleiro.* É o atuante, o elemento que age. Representa as pessoas ou situações em ação, aquelas que geralmente provocam a necessidade da consulta. Pode ser um inimigo, o namorado, o amante, um credor, uma pessoa da família, etc. Facilmente identificável porque se apresenta como o motivo principal da pergunta.

● *Valete.* Corresponde aos intermediários, às pessoas relacionadas de forma mais ou menos indireta com o problema, mas representando parte substancial da angústia ou ansiedade do consulente. Geralmente pessoas da família, amigos próximos, tios, filhos, etc.

Os naipes, portanto, nos dão condições de delinear em maior detalhe certos elementos que interferem ou sofrem interferência segundo a leitura do Tarô. Sua interpretação em termos de relação de poder ou de pessoas dependerá da pergunta formulada e de alguns outros elementos, conforme expomos a seguir.

a) Figura dos naipes precedida ou recebendo influência de:

- um Arcano Maior — explica o Arcano Maior relativamente à pergunta formulada;
- uma figura dos naipes — relação de poder ou de autoridade, ação;
- um número dos naipes — relação de parentesco.

b) Figura dos naipes precedendo ou influenciando:

- um Arcano Maior — limita o significado do Arcano Maior, tornando a situação mais inevitável; localiza a ação desse Arcano Maior sobre a situação de poder ou pessoa representada,
- uma figura dos naipes — modifica o significado da carta seguinte, indicando responsabilidades, manipulações, pessoas envolvidas;
- um número dos naipes — indica uma relação de tempo, sendo que o número representa a quantidade de tempo que a figura de naipe determina (em geral, rei representa anos; rainha, meses; cavaleiro, semanas; valete, dias).

Os Números

As cartas de números dos naipes vão do 1 (ás) ao 10, totalizando quarenta cartas, que, juntamente com as dezesseis figuras dos naipes, somam 56. Esse conjunto deu origem às cartas de jogar; daí algumas pessoas "lerem a sorte" com o baralho comum.

O Tarô de Marselha apresenta uma certa dificuldade, nos naipes, quanto à identificação das cartas de espadas e de paus. Isso em função da semelhança dos símbolos. Basta observar, porém, que os centros desses dois grupos de cartas apresentam cores distintas. Temos então: centro amarelo, paus; centro azul, espadas. Nas cartas de ouros e de copas não existe esse problema.

A seqüência numérica de 1 a 10 apresentada nas cartas possibilita-nos atribuir-lhes significados. Vejamos: a Numerologia nos fornece

um — unidade, ação, início de ação, homem, virilidade, etc;

dois — dualidade, passividade, receptividade, mulher, feminilidade;

três — ternário, perfeição, estabilidade, término de processo, possibilidade de sucesso;

quatro — quaternário, materialismo, o plano material.

Aí temos, então, o primeiro ciclo numerológico: o início como força ativa, geradora (1), atuando sobre a força passiva, receptiva (2), resultando uma força neutralizadora, estabilizante (3), a qual se manifesta no plano físico como algo palpável, visível, material (4).

Assim, partindo desse conjunto de quatro elementos, podemos extrair os significados dos números dos Arcanos Menores, que são estes:

● 1 - inteligência, início de ação, atividade criadora;

● 2 - dualidade, dificuldade, passividade, receptividade;

- 3 - perfeição, fecundidade, possibilidade de sucesso, término de processo, estabilização temporária;
- 4 - matéria, passividade em excesso, inércia, possibilidade de novo início, porém com resultado bem pouco satisfatório;
- 5 - o homem fisicamente falando, isto é, sua constituição física, sua saúde, suas relações com os outros seres humanos, relações sociais, políticas e de poder;
- 6 - obstáculos ou dificuldades gerados a partir de ações internas (psíquicas, fisiológicas, metabólicas) ou externas (problemas causados por outrem, situações imprevistas, acidentes, enganos, sofrimentos);
- 7 - triunfo, encerramento coroado de sucesso;
- 8 - tormento, sofrimento, sucesso parcial;
- 9 - obrigação, sucesso com perigo de estagnação, exigindo mudança de rumos;
- 10 - mudança, fim de um ciclo ou caminho, ponderação, estudo, avaliação.

A título de ilustração, tomemos estes exemplos: um quatro de paus assumiria então significado de parada, inatividade na criação ou na espiritualidade, preparação para início de novo ciclo mental ou espiritual; um sete de espadas representaria ação vitoriosa, e assim por diante.

REI DE PAUS

RAINHA DE PAUS

CAVALEIRO DE PAUS

VALETE DE PAUS

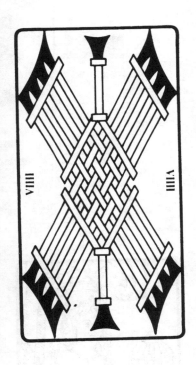

REI DE COPAS

RAINHA DE COPAS

CAVALEIRO DE COPAS

VALETE DE COPAS

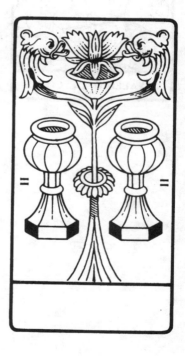

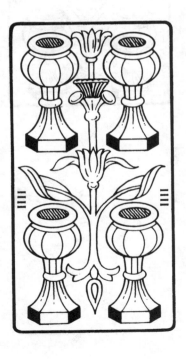

REI DE ESPADAS

RAINHA DE ESPADAS

CAVALEIRO DE ESPADAS

VALETE DE ESPADAS

REI DE OUROS

RAINHA DE OUROS

CAVALEIRO DÉ OUROS

VALETE DE OUROS

Leitura do Tarô

A leitura do Tarô está, obviamente, em relação direta com a pergunta ou consulta formulada. Em outras palavras, a resposta a uma pergunta complexa pede uma leitura mais cuidadosa, mais elaborada; contudo, para uma resposta que não exija grandes aprofundamentos, uma leitura simplificada mostra-se suficiente.

Portanto bastariam os Arcanos Maiores para uma resposta satisfatória, reservando-se os Menores para as leituras e análises mais complicadas.

Embaralhamento

Toda leitura é *sempre* precedida do embaralhamento das cartas e, em geral, embaralham-se os 22 Arcanos Maiores em separado dos 56 Menores.

A pessoa que embaralha as cartas as impregna com seu magnetismo. Desse modo, o embaralhamento deve ser feito por quem formula a pergunta, ou seja, o consulente. Tome-se isso, entretanto, como uma recomendação e não como norma obrigatória. O corte do maço, este sim, é exclusividade do consulente.

De um modo geral, excetuando-se o embaralhamento e o corte, apenas o dono do Tarô deve manipulá-lo. Nesse sentido, recomenda-se ao estudioso aplicado a aquisição de um segundo jogo de cartas exclusivo para suas leituras de estudo. Esse conjunto não deve nem mesmo ser visto por outras pessoas.

Separados os dois grupos de Arcanos, embaralham-se as lâminas tal como nas cartas de jogar. Um outro método — preferencial, diga-se — consiste em espalhar as cartas aleatoriamente sobre uma mesa (previamente forrada com um tecido escuro) com as faces voltadas para baixo e movimentá-las circularmente no sentido anti-horário. Usar ambas as mãos.

O consulente corta então o maço em duas partes. O intérprete, em seguida, sobrepõe carta por carta das duas partes cortadas até que não reste nenhuma. Se sobrar alguma, recomeça a operação. É comum efetuarem-se três embaralhamentos e três cortes seguidos da sobreposição das cartas. Em geral, na terceira vez o Tarô dá um "sinal": não há sobras, ou seja, o último corte separou o conjunto em dois conjuntos de onze cartas, e a sobreposição se completa sem sobras, "avisando" que o jogo está pronto para começar. Se, entretanto, após a terceira tentativa, isso ainda não ocorreu, é melhor parar e recomeçar do princípio, isto é, embaralhando tudo de novo. Às vezes, o "sinal" acontece já na segunda sobreposição; raramente na primeira.

Os Arcanos Menores podem ser embaralhados da mesma forma e apenas uma vez.

Formulação da Pergunta

A maneira de abordarmos o oráculo revela-se fundamental, uma vez que estaremos mobilizando energias mentais. Portanto, uma postura compatível só irá melhorar a "sintonia" e, em conseqüência, a clareza da leitura.

Assim, o consulente, enquanto embaralha as cartas, "visualiza" a pergunta, que deve estar bem clara em sua mente. Para tanto, de preferência, deve trabalhar sobre ela alguns dias antes da consulta, isto é, deve pensar no problema como um todo e depois ir reduzindo-o, sintetizando-o, até conseguir resumi-lo a uma frase curta com um mínimo de palavras. O consulente pode ou não informar ao intérprete a sua pergunta; o comum é informar por alto, em linhas gerais.

Ambos, consulente e intérprete, sentados frente a frente, manterão uma atitude séria, concentrada, quase reverente, durante toda a leitura.

As Diferentes Leituras

Várias são as modalidades de se proceder à leitura das cartas do Tarô. Para aqueles que estiverem interessados em conhecer e aprender outros modos, além dos que estudaremos aqui, o já citado livro de Stuart R. Kaplan, *Tarô clássico,* traz inúmeros exemplos.

Qualquer que seja o modo escolhido, porém, terminada a fase do embaralhamento, o maço de cartas é colocado sobre a mesa, com a face para baixo. O intérprete virará as cartas de cima, da direita para a esquerda, *lateralmente* (a fim de não invertê-las). Importante: o sentido das cartas (correto ou invertido) é considerado a *partir de quem faz a leitura* e não do consulente.

Leitura por três

Embaralham-se os 22 Arcanos Maiores e viram-se três cartas, colocando-as em seqüência. A primeira carta corresponde ao passado, a do meio ao presente e a terceira ao futuro. A intepretação se faz pelo encadeamento dos significados a partir da primeira carta. Pode-se introduzir uma modificação colocando-se as três primeiras da esquerda para a direita e, em seguida, colocando-se sob cada uma delas uma nova seqüência de três cartas, que funcionarão como "explicadoras" da carta de cima; ou seja, a carta inferior afeta a superior. Ainda assim, conservam-se os significados de passado, presente e futuro.

Leitura por cinco

Embaralhado o Tarô, coloca-se uma seqüência de cinco cartas da esquerda para a direita. A primeira é o passado, a segunda o presente, a terceira o futuro; a quarta será o consciente do consulente (seu enfoque consciente do problema) e a quinta carta representará seu inconsciente (seu enfoque inconsciente). Introduzindo nova série de cartas sob essas, teremos a leitura modificada por cinco.

Leitura por sete

Representa a mesma coisa que a leitura por cinco, mas com a adição de mais duas cartas no final: a sexta representa a visão do consulente a respeito de si mesmo, e a sétima, a visão que as outras pessoas têm do consulente. Também se pode aplicar o método modificante.

Leitura por dez

É a leitura por sete com alguns acréscimos: a primeira carta representa a pergunta, o consulente; a segunda, os obstáculos e problemas relativos à pergunta; a terceira representa a visão consciente; a

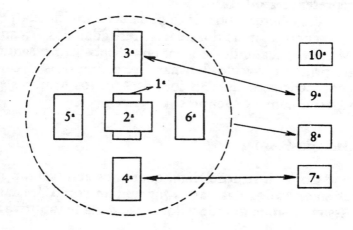

quarta, a visão inconsciente; a quinta, a visão pessoal; a sexta, a visão por outras pessoas. A sétima carta reafirma e esclarece a quarta, enquanto a oitava faz uma síntese das seis primeiras. A nona carta representa uma explicação e reafirmação da terceira e, ainda, assume o papel de obstáculo vencido; finalmente, a décima carta, isolada, representa o futuro, ou seja, a resposta à formulação. O esquema mostra como se faz a leitura por dez.

Leitura por doze

Essa modalidade segue os padrões astrológicos e corresponde à leitura de um conjunto de doze cartas, dispostas segundo as casas astrológicas. Os significados sobrepõem-se, pois, aos significados das casas astrológicas. Em geral se coloca o restante do maço de cartas no centro do círculo formado pelas doze cartas e, ao final, levanta-se a primeira carta do maço, que representará o futuro.

Essa leitura por doze pode ser modificada pelo acréscimo de mais doze cartas retiradas dos Arcanos Menores, seguindo-se a mesma disposição e sentido do primeiro círculo. Formam-se, assim, dois círculos concêntricos, o interno com os Arcanos Maiores e o externo com os Menores.

Método Pessoal

Como instrução final, queremos acrescentar que os significados das cartas funcionam como "pistas". Assim, assume grande valor a capacidade intuitiva na leitura e a interpretação de cada carta. Convém, portanto, com a prática, desenvolver cada qual o seu próprio método de disposição e leitura das cartas, mantendo-o sem modificações posteriores. Essa é a forma mais eficiente de leitura.

O Caráter Ocultista
das Cartas

O Tarô tem, é sabido, uma aplicação basicamente oracular. Mas o simbolismo empregado em sua confecção abrange muitas outras áreas do conhecimento ocultista, tais como Magia Cerimonial, Cabala, Alquimia, Astrologia, etc., abrindo um vasto campo para aqueles que queiram adquirir conhecimentos esotéricos. Nesse sentido, um bom começo consiste em o dono do jogo "tomar posse" das cartas, ou seja, impregná-las com suas vibrações pessoais. Na tradição ocultista, isso se faz por meio de cerimônias elaboradas e complexas. Mas, como uma regra simples, será suficiente manter seu Tarô envolto num tecido de seda escura e guardá-lo em local próximo de si ou entre seus pertences, para que fique impregnado de suas "qualidades".

Além disso, recomenda-se ao estudioso — tornamos a frisar — que adquira um jogo de cartas "pessoal", o qual, uma vez preparado, não deve mais "ver a luz", ou seja, não poderá ser mostrado a mais ninguém. Corresponde ao Tarô de pesquisa, de aquisição de conhecimentos, de experiências, de crescimento interior. Esse conjunto de cartas deve ser escolhido com muito carinho, posto que será um jogo de estimação, uma vez que a carga emocional e efetiva envolvida em seu manuseio tende a aumentar-lhe a sensibilidade.

Por fim, quando não encontrar mais utilidade ou satisfação pessoal no estudo das cartas, ou quando sentir que delas já aprendeu tudo o que poderia aprender, queime-as, uma a uma, até reduzi-las a cinzas.

O Esoterismo do Tarô

O enfoque esotérico do Tarô é de alta complexidade e transcende em muito as informações até aqui expostas. Seu aprofundamento implica a necessidade prévia de conhecimentos exteriores ao próprio Tarô, a fim de ampliar mais o seu significado e eficiência. Ao mesmo tempo, demanda um conhecimento bastante sólido dos vários significados que cada uma das 78 cartas pode assumir, isoladamente ou em conjunto.

O objetivo do estudo esotérico do Tarô não é apenas ter à disposição o que acontece, aconteceu ou acontecerá, mas conseguir chegar ao porquê dos acontecimentos, bem como atuar sobre estes, abrindo saídas para as várias situações que se apresentam.

Esse estudo tem lugar nas escolas iniciáticas, pois é parte do "currículo" do homem universal, do homem plenamente consciente de sua relação com todos os fluxos de energias do universo. Portanto representa apenas uma disciplina dentro de um contexto infinitamente maior.

A visão esotérica — e aqui não nos referimos apenas ao Tarô, mas a tudo o que nos cerca — é difícil de ser compreendida pelo indivíduo não familiarizado, já que implica um equilíbrio de conhecimentos e experiências, bem como uma forma totalmente diferente de captar e vivenciar a realidade. Implica todo um conjunto de enfoque, estudos, experimentos, visão de mundo, abordagens, etc., visando levar o indivíduo a uma experiência da verdade, experiência essa sempre buscada desde tempos imemoriais e geralmente mal-interpretada por aqueles que não lograram contatá-la senão numa situação indireta ou superficial.

Constitui objeto do esoterismo a obtenção de um indivíduo plenamente sintonizado com o universo, ou seja, capaz de observar um efeito, visualizar-lhe as causas e influir sobre elas. Em outras palavras: se o estudo esotérico do Tarô nos permite perceber o funcionamento do universo, o estudo esotérico nos permite penetrar suas relações causais.

Evidentemente todo esse aprofundamento está relacionado com o nível de consciência do indivíduo. Em primeira instância, o indivíduo descobre a existência de leis cósmicas que atuam sobre o *seu* universo pessoal; descobre igualmente suas qualidades, suas falhas e seus potenciais a serem desenvolvidos. Com o estudo esotérico do Tarô, o indivíduo evolui para um conhecimento das causas dos fenômenos, tornando-se consciente das relações entre *todos* os fenômenos universais, sendo ele próprio parte deles. No estágio seguinte, o indivíduo soma suas potencialidades desenvolvidas à consciência, aproximando-se mais da compreensão da causa última da Criação e dela passando a participar. É nesse momento que o indivíduo pode "fazer", porque ele não estará mais sob o domínio dos elementos egocêntricos e limitadores, mas estará expressando uma tendência universal.

Esperamos que este breve estudo possa orientar ou, pelo menos, despertar a consciência do estudioso para a grandeza e profundidade que o Tarô tem a oferecer. Como última observação, recomendamos que o aprendizado do Tarô seja obtido a partir do trabalho sistemático com as cartas e não baseado em literaturas, visto que estas refletem experiências pessoais, carregadas de subjetivismo. O estudo *pessoal* das lâminas, bem como o desenvolvimento de um sistema próprio de análise e utilização, é fundamental para que o Tarô venha a constituir, verdadeiramente, um instrumento de libertação.

Considerações Finais

- Jamais cobre por uma leitura de Tarô. É lícito aceitar presentes ou oferecimentos, mas nunca uma quantia preestabelecida.
- A verdade é fundamental, sempre; significa isso que por mais desagradável que seja, devemos optar sempre por dizer a verdade em lugar de deformá-la. O Tarô é um oráculo e, como tal, age como uma luz na noite; portanto constitui uma "traição" não informar corretamente.
- Uma vez deitadas as cartas em seu número certo, não é válido deitar novas cartas para tentar "melhorar" a explicação. Não entendendo, será melhor refazer tudo.
- Será de pouca ajuda decorar os significados das cartas, visto que, em cada posição, estes mudam. Portanto vale mais a dedução intuitiva do simbolismo que o conhecimento fixo dos significados mais comuns. Vale dizer: conhecer os significados ajuda, mas procure trabalhar mais com sua intuição.

• Não faça propaganda nem alardeie sobre suas habilidades em ler cartas de Tarô: quando chegar a ocasião, ou quando houver necessidade, você será procurado. Mantenha tudo restrito ao seu círculo de amizades.

• Quando o consulente deseja fazer várias perguntas, entre uma consulta e outra, as cartas deverão ser amontoadas e "desmagnetizadas"; ou seja, deixe-as paradas durante algum tempo.

• Nunca faça leitura para mais de uma pessoa. E esta, durante todo o processo de manuseio das cartas, deverá se concentrar na pergunta e, uma vez deitadas as cartas, deverá informar ao intérprete as características gerais de seu problema. Em certos casos, dispensa-se o conhecimento da pergunta.

• Quando não achar mais utilidade para o jogo ou quando não se interessar mais em jogá-lo, queime as cartas.

• As melhores leituras são feitas sobre um pano escuro.

• Sempre que lhe for pedido, não negue o conhecimento do Tarô, de seus significados, profundidade, ensinamentos, etc., mas desde que este pedido seja sincero e não curiosidade banal. Explique tudo o que sabe ao neófito sem visar lucros.

Leia também:

O TARÔ EGÍPCIO
Um Caminho de Iniciação

Bernd A. Mertz

O *Tarô Egípcio* é um livro que decifra e apresenta, de modo novo, o antigo Tarô Egípcio. Suas cartas, copiadas das antigas, evidenciam a riqueza eterna e simbólica dos processos iniciáticos.

A origem do tarô não pode ser identificada com segurança; porém, quem já esteve nos templos ou nos túmulos do antigo Egito constatará com espanto a semelhança extraordinária de suas representações gráficas e de suas pinturas com as características das 22 figuras que compõem os Arcanos Maiores do Tarô. Os testemunhos dos antigos Templos também são válidos atualmente por representarem as etapas do desenvolvimento e do conhecimento primordiais. Do que se pode ter certeza é do fato de que os sacerdotes usavam essas figuras para ensinar os segredos do conhecimento esotérico aos que buscavam a iniciação.

As 22 cartas dos Arcanos Maiores do Tarô, do modo como são apresentadas neste livro, contêm o conhecimento e as etapas de desenvolvimento de toda uma vida; elas representam um marco no caminho que os não-iniciados têm de percorer para obter a iniciação.

EDITORA PENSAMENTO

OS ARCANOS MAIORES DO TARÔ

G. O. MEBES

De acordo com nossas pesquisas sobre literatura esotérica em diversos idiomas, o presente livro é um dos estudos mais profundos e mais amplos já publicados sobre os Arcanos Maiores do Tarô.

G. O. Mebes, mestre da sabedoria oculta, cujos ensinamentos são aqui transcritos, além de possuir uma vasta cultura e conhecimentos excepcionais, havia chegado ele próprio — segundo o testemunho de seus discípulos — a um alto grau de realização espiritual, que fez dele um dos maiores ocultistas de nossa época.

A excelência de sua doutrina, contudo, não impedirá que os que procuram nos Arcanos um simples meio para adivinhar o futuro, no primeiro contacto com este livro, fiquem desapontados. No entanto, à medida que procurarem estudar os Arcanos "em profundidade", eles também chegarão a uma melhor compreensão do entrelaçamento do Passado com o Futuro e a um maior desenvolvimento de sua intuição.

EDITORA PENSAMENTO

OS ARCANOS MENORES DO TARÔ

Segundo os Ensinamentos de
G. O. MEBES

Na literatura mundial, são raras as apresentações dos Arcanos Menores, não como método de adivinhação, mas como veículo de ascensão do homem rumo às mais altas realizações espirituais. Este caminho do constante esforço interno — caminho do Hermetismo Ético — comporta inúmeros graus. Contudo, para maior clareza, foi dividido em quatro etapas principais: a de Ouros, a de Espadas, a de Copas e a de Paus.

No presente livro, as duas primeiras etapas — especialmente a de Ouros — são apresentadas mais detalhadamente, pois são compreensíveis a todo ser humano em quem se manifestou a aspiração para o Alto. Por esse motivo, as duas últimas etapas, a de Copas e, ainda mais, a de Paus, parecerão menos completas. Isso é inevitável, pois o nível dessas etapas está tão acima do da enorme maioria de seres humanos, que suas experiências não lhes seriam compreensíveis. Seria inútil falar a um garoto que está cursando o primeiro grau do ensino sobre as fórmulas da Física moderna. O máximo que se poderia conseguir seria dar-lhe uma idéia geral e vaga do que ela é.

O ser humano que se encontra ao pé da escada cujo topo se perde nas nuvens não vê os graus superiores. Todavia, conforme forem sendo atingidos os vários degraus, a vista dos níveis mais altos se torna cada vez mais clara. Do mesmo modo, à medida que o ser humano se eleva espiritualmente, as vivências de Copas e de Paus vão ficando mais compreensíveis e, aquilo que as palavras de um livro não poderiam explicar, torna-se uma Verdade interna, adquirida.

EDITORA PENSAMENTO

TARÔ ADIVINHATÓRIO

Não é de hoje que o homem sente inquietação pelo seu futuro e também pelo de seus entes queridos.

A astrologia, bem como o psiquismo, a magia e a mediunidade desempenham um papel importante na tarefa de desvendar o que o destino nos reserva, mas destaca-se, por sua popularidade, a cartomancia, que é a arte de prever o futuro por intermédio das cartas.

Sábios da antiguidade compuseram um livro que, além do aspecto científica, tem características de cunho eminentemente popular. Trata-se do Tarô, que, através de gerações, tem nos oferecido revelações extraordinárias, respondendo às mais importantes questões da nossa vida por meio de orientações claras e firmes.

Seu estudo, simples e prático, torna-se cada vez mais atraentes à medida que nele nos aprofundamos, constituindo um agradável passatempo e um guia seguro para que possamos inciar nossa jornada rumo a um futuro feliz.

A arte do manuseio das 78 cartas que acompanham o livro é tão fácil e clara que, em pouco tempo, o leitor interessado poderá se tornar um verdadeiro perito, hábil em desvendar o futuro, tomar as precauções necessárias e evitar imprevistos desagradáveis que às vezes nos apresenta.

EDITORA PENSAMENTO